Impressum
Verlag: BABADADA GmbH, Nedderfeld 112 , 22529 Hamburg
Geschäftsführer / Verlagsleitung: Harald Hof
Druck: Books on Demand GmbH, In de Tarpen 42, 22848 Norderstedt

Imprint
Publisher: BABADADA GmbH, Nedderfeld 112 , 22529 Hamburg, Germany
Managing Director / Publishing direction: Harald Hof
Print: Books on Demand GmbH, In de Tarpen 42, 22848 Norderstedt

škola
colegio

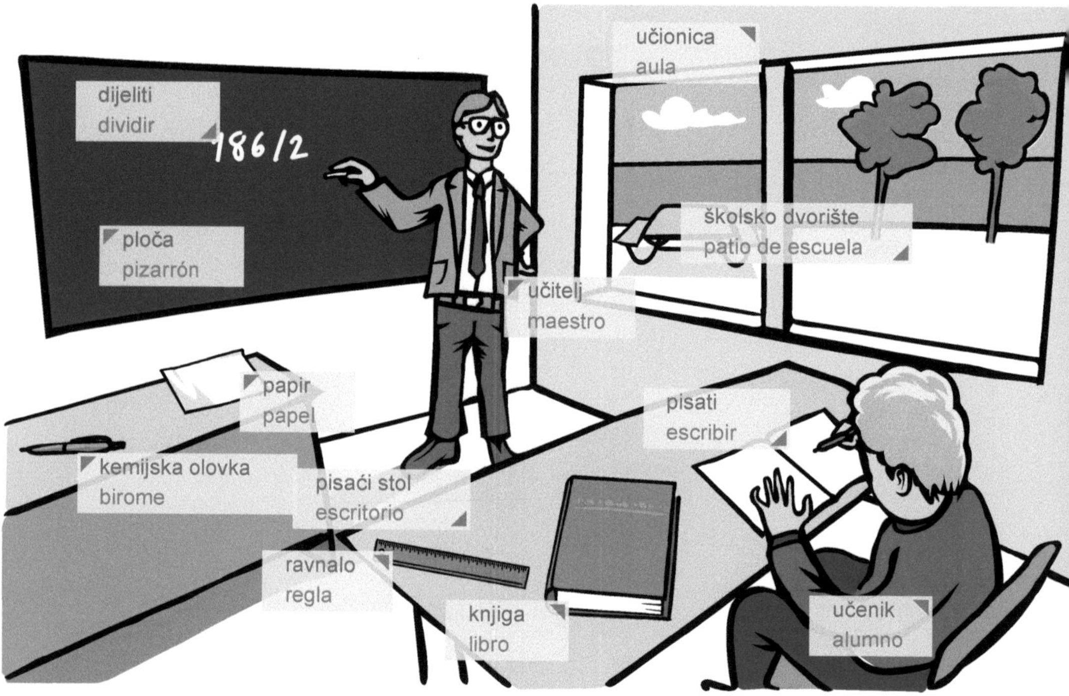

učionica
aula
dijeliti
dividir
186/2
ploča
pizarrón
školsko dvorište
patio de escuela
učitelj
maestro
papir
papel
pisati
escribir
kemijska olovka
birome
pisaći stol
escritorio
ravnalo
regla
knjiga
libro
učenik
alumno

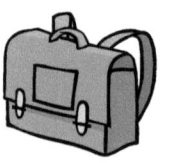

torba

mochila

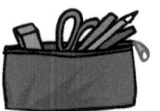

pernica

caja de lápices

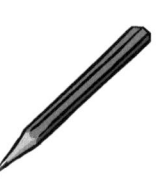

grafitna olovka

lápiz

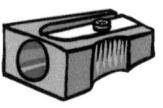

šiljilo za olovke

sacapuntas

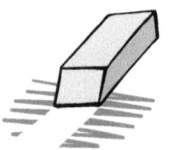

gumica za brisanje

goma (de borrar)

blok za crtanje

bloc de dibujo

crtež
....
dibujo

kist
....
pincel

kutija s bojama
....
caja de pinturas

makaze
....
tijera

ljepilo
....
pegamento

bilježnica
....
cuaderno de ejercicios

domaći zadatak
....
tarea

broj
....
número

sabirati
....
sumar

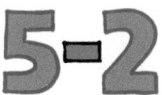

oduzimati
....
restar

množiti
....
multiplicar

računati
....
calcular

slovo
....
letra

abeceda
....
abecedario

riječ
....
palabra

škola - colegio

3

tekst

texto

čitati

leer

kreda

tiza

sat

lección

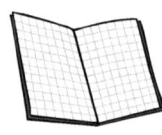

dnevnik

cuaderno de clase

ispit

examen

svjedodžba

certificado

školska uniforma

uniforme escolar

obrazovanje

educación

leksikon

enciclopedia

sveučilište

universidad

mikroskop

microscopio

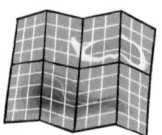

karta

mapa

košara za papir

tacho (de basura)

hotel
hotel

prenoćište
hostel

ROOMS

mjenjačnica
casa de cambio

EXCHANGE

kofer
valija

auto
auto

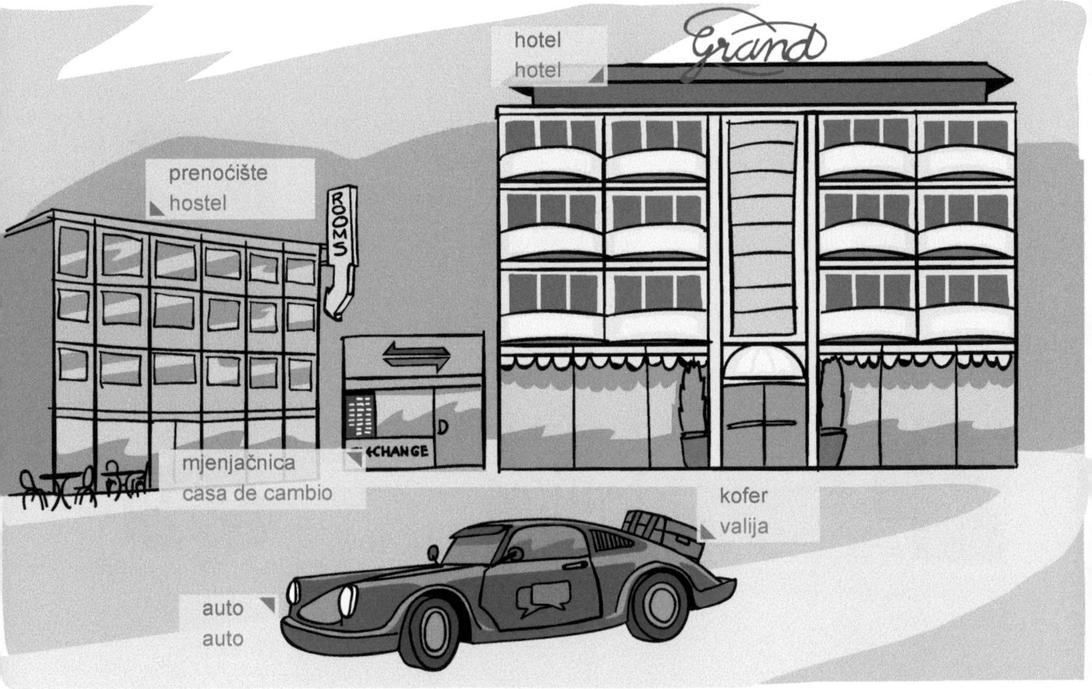

jezik
idioma

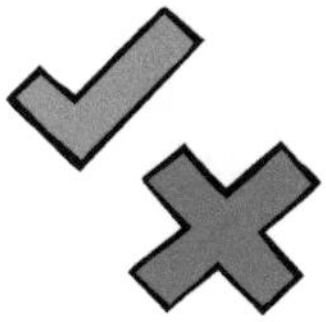

da / ne
sí / no

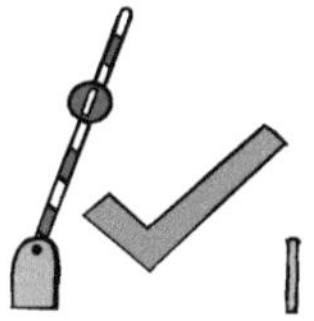

okay
Está bien

zdravo
hola

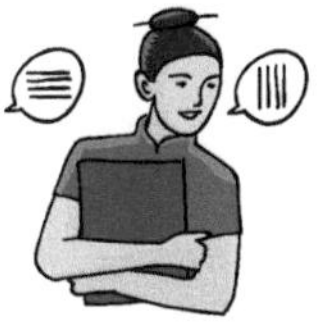

prevoditelj
traductor

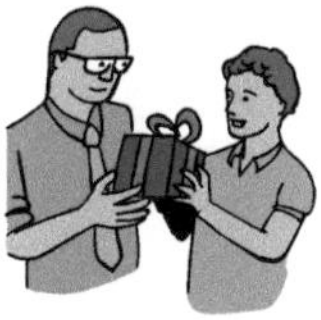

hvala
Gracias

Koliko košta...?

¿cuánto cuesta...?

ne razumijem

No entiendo

problem

problema

dobro veče!

¡Buenas tardes!

Dobro jutro!

¡Buenos días!

Laku noć!

¡Buenas noches!

doviđenja

adiós

smjer

dirección

prtljaga

equipaje

torba

bolso

ruksak

mochila

gost

invitado

soba

habitación

vreća za spavanje

bolsa de dormir

šator

carpa

turističke informacije

información turística

plaža

playa

kreditna kartica

tarjeta de crédito

doručak

desayuno

ručak

almuerzo

večera

cena

karta za vožnju

pasaje

dizalo

ascensor

poštanska markica

sello

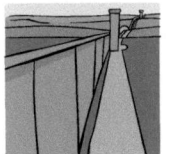

granica

frontera

carina

aduana

ambasada

embajada

viza

visa

putovnica

pasaporte

transport

transporte

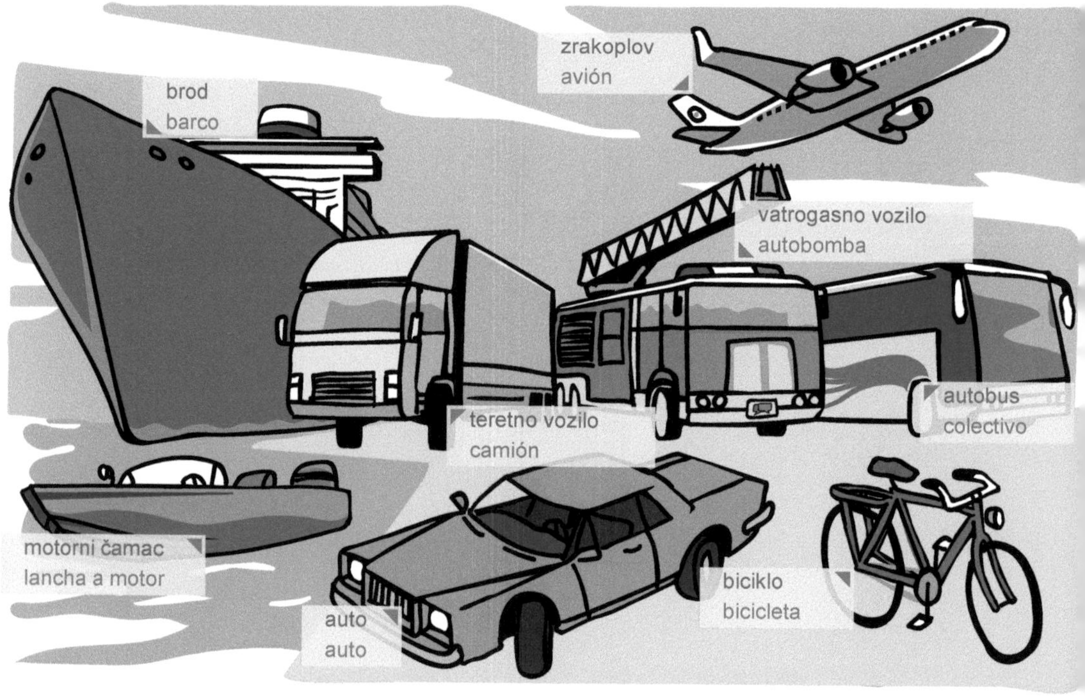

zrakoplov
avión
brod
barco
vatrogasno vozilo
autobomba
autobus
colectivo
teretno vozilo
camión
motorni čamac
lancha a motor
biciklo
bicicleta
auto
auto

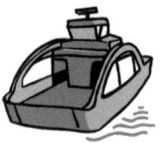

trajekt

ferry

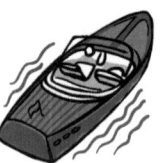

čamac

bote

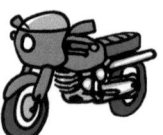

motocikl

moto

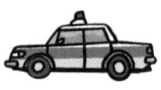

policijski auto

patrullero

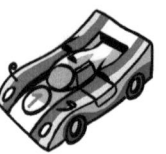

trkaći auto

auto de carreras

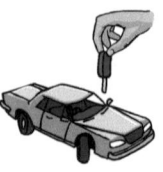

iznajmljeno auto

auto de alquiler

dijeljenje automobila

alquiler de autos

vučno vozilo

grúa

vozilo za odvoz smeća

camión de basura

motor

motor

benzin

nafta

benzinska postaja

estación de servicio

prometni znak

señal de tránsito

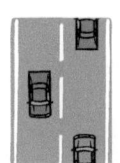

promet

tránsito

zastoj

embotellamiento

parkiralište

estacionamiento

kolodvor

estación de tren

šine

vías

vlak

tren

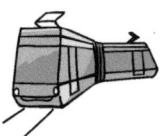

tramvaj

tranvía

vagon

vagón

helikopter

helicóptero

zrakoplovna luka

aeropuerto

toranj

torre

putnik

pasajero

kontejner

contenedor

karton

caja de cartón

kolica

carretilla

košara

canasta

uzletjeti / sletjeti

despegar / aterrizar

grad

ciudad

selo

pueblo

centar grada

centro de ciudad

kuća

casa

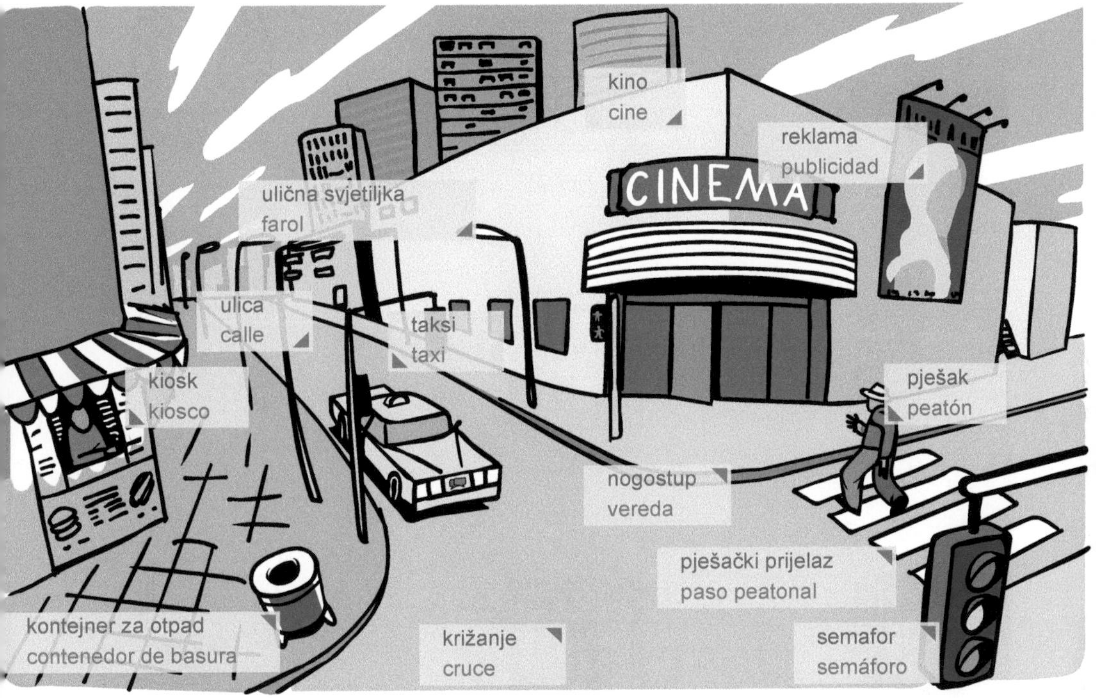

kino
cine

reklama
publicidad

ulična svjetiljka
farol

CINEMA

ulica
calle

taksi
taxi

kiosk
kiosco

pješak
peatón

nogostup
vereda

pješački prijelaz
paso peatonal

kontejner za otpad
contenedor de basura

križanje
cruce

semafor
semáforo

koliba
cabaña

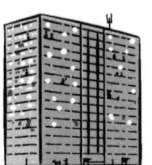

stan
departamento

kolodvor
estación de tren

vijećnica
municipalidad

muzej
museo

škola
colegio

sveučilište

universidad

banka

banco

bolnica

hospital

hotel

hotel

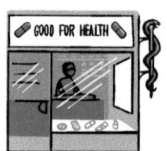

ljekarna

farmacia

ured

oficina

knjižara

librería

prodavaonica

negocio

cvjećara

florería

supermarket

supermercado

trg

mercado

robna kuća

grandes tiendas

ribarnica

pescadería

trgovački centar

centro comercial

luka

puerto

park
parque

klupa
banco

most
puente

stepenice
escaleras

podzemna željeznica
subte

tunel
túnel

autobusna stanica
parada del colectivo

bar
bar

restoran
restaurante

poštansko sanduče
buzón

ulični znak
letrero

parkirni sat
parquímetro

zoološki vrt
zoológico

bazen
pileta

džamija
mezquita

seosko gazdinstvo
granja

zagađenje okoliša
contaminación

groblje
cementerio

crkva
iglesia

igralište
juegos infantiles

hram
templo

krajolik
paisaje

list
hoja

putokaz
poste indicador

put
camino

livada
pradera

kamen
piedra

drvo
árbol

šetač
excursionista

rijeka
río

trava
hierba

cvijet
flor

dolina

valle

planina

montaña

jezero

lago

šuma

bosque

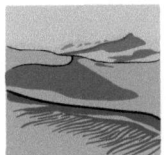

pustinja

desierto

vulkan

volcán

dvorac

castillo

duga

arco iris

gljiva

champiñón

palma

palmera

moskito

mosquito

muha

mosca

mrav

hormiga

pčela

abeja

pauk

araña

buba

escarabajo

žaba

rana

vjeverica

ardilla

jež

erizo

zec

liebre

sova

lechuza

ptica

pájaro

labud

cisne

divlja svinja

jabalí

jelen

ciervo

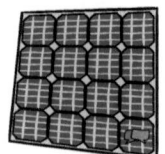

los

alce

nasip

presa

vjetrenjača

aerogenerador

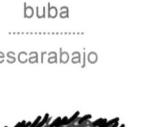

solarna ploča

panel solar

klima

clima

restoran

restaurante

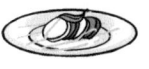

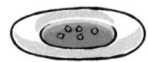

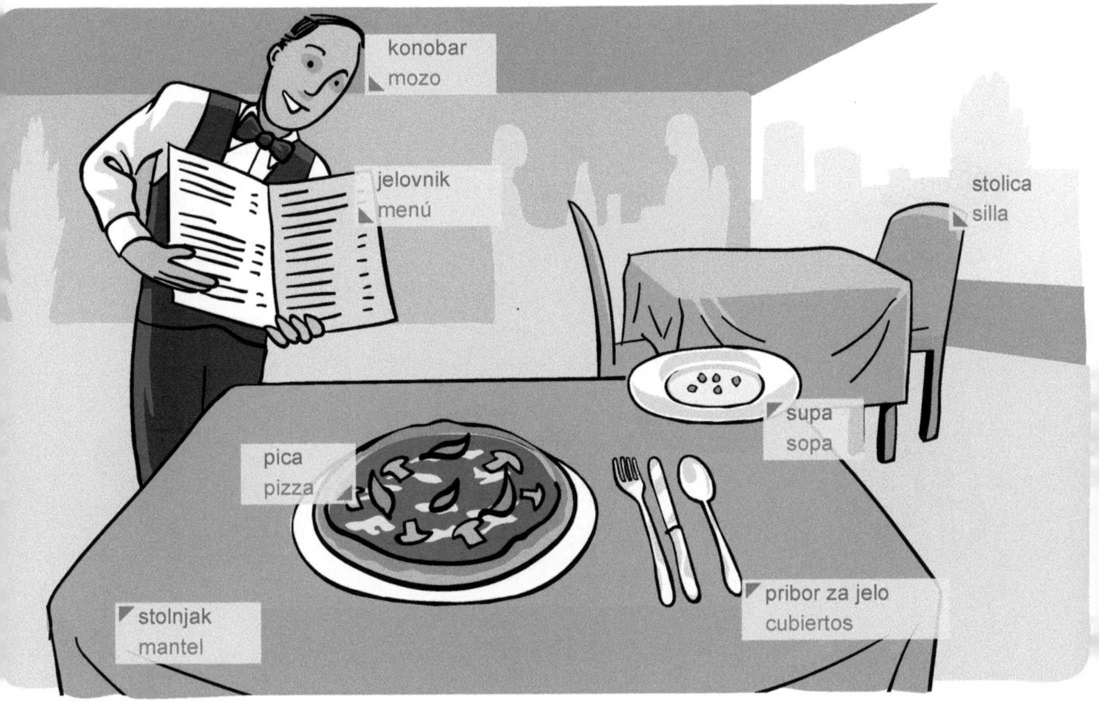

konobar
mozo
jelovnik
menú
stolica
silla
supa
sopa
pica
pizza
pribor za jelo
cubiertos
stolnjak
mantel

predjelo

entrada

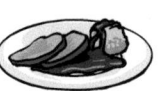

glavno jelo

plato principal

desert

postre

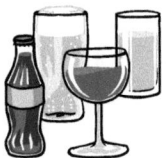

napitci

bebidas

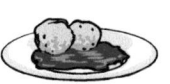

jelo

comida

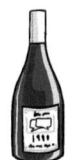

boca

botella

fastfood

comida rápida

imbis hrana

comida callejera

čajnik

tetera

doza za šećer

azucarera

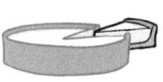

porcija

porción

aparat za espresso

cafetera expreso

visoka stolica

sillita alta

račun

cuenta

pladanj

bandeja

nož

cuchillo

vilica

tenedor

žlica

cuchara

čajna žlica

cucharita

ubrus

servilleta

čaša

vaso

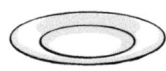

tanjur

plato

tanjur za supu

plato hondo

tanjurić

plato

sos

salsa

soljenka

salero

mlin za biber

molinillo de pimienta

ocat

vinagre

ulje

aceite

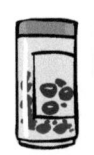

začini

especias

kečap

kétchup

senf

mostaza

majoneza

mayonesa

supermarket

supermercado

ponuda
oferta especial
FOR
kupac
cliente
mlječni proizvodi
lácteos
voće
fruta
kolica za kupnju
changuito

BUTCHERS

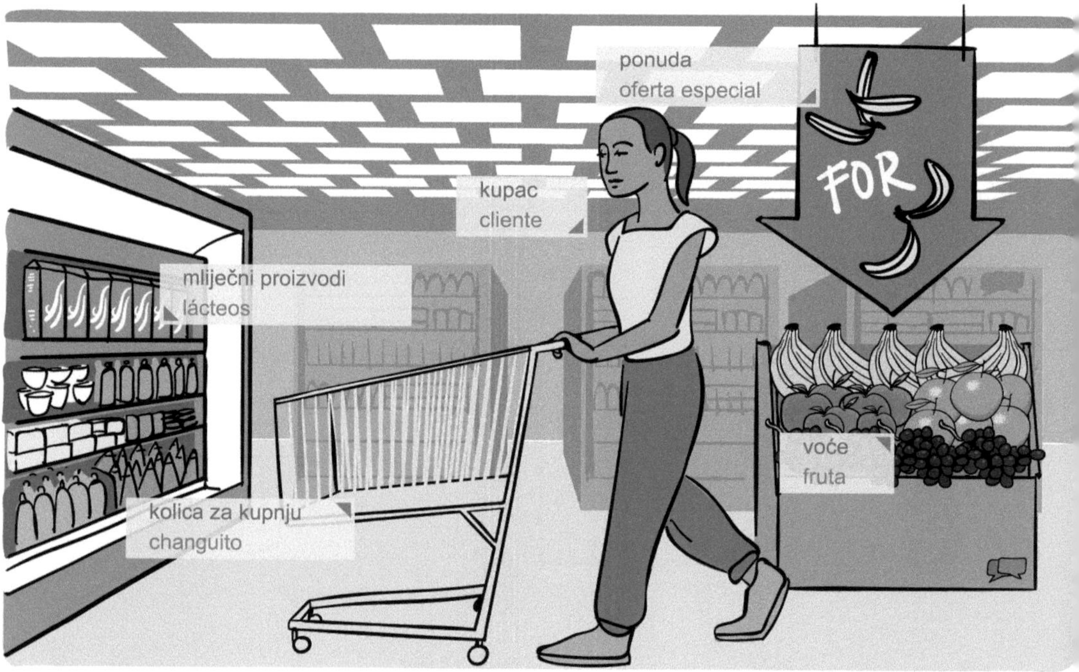

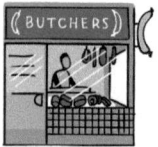

mesnica

carnicería

BAKERY

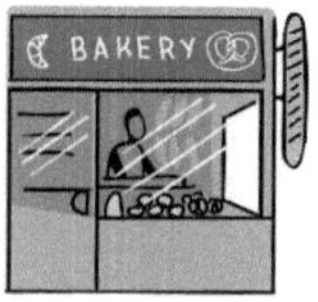

pekarnica

panadería

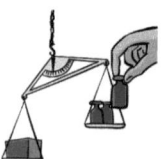

vagati

pesar

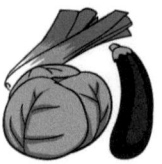

povrće

verduras

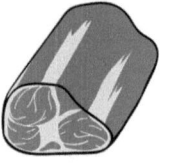

meso

carne

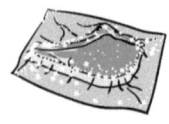

duboko smrznuta hrana

alimentos congelados

narezak

fiambres

konzerve

alimentos enlatados

sredstvo za pranje

detergente en polvo

slatkiši

golosinas

artikli za domaćinstvo

electrodomésticos

sredstva za čišćenje

productos de limpieza

prodavačica

vendedora

blagajna

caja

blagajnik

cajero

lista za kupnju

lista de compras

vrijeme rada

horario de atención

novčanik

billetera

kreditna kartica

tarjeta de crédito

torba

cartera

plastična vrećica

bolsa de plástico

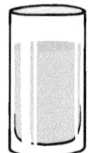

voda

agua

sok

jugo

mlijeko

leche

cola

bebida cola

vino

vino

pivo

cerveza

alkohol

alcohol

kakao

cacao

čaj

té

kava

café

espresso

café expreso

cappuccino

cappuccino

banana

banana

jabuka

manzana

naranča

naranja

lubenica

melón

limun

limón

mrkva

zanahoria

češnjak

ajo

bambus

bambú

luk

cebolla

gljiva

champiñón

orašasti plodovi

nueces

rezanci

fideos

špagete

tallarines

riža

arroz

salata

ensalada

pomfrit

papas fritas

pečeni krumpir

papas fritas

pica

pizza

hamburger

hamburguesa

sendvič

sándwich

šnicla

churrasco

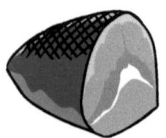

pršut

jamón

salama

salame

kobasica

salchicha

kokoš

pollo

pečenje

asado

riba

pescado

jelo - comida

zobene pahuljice

copos de avena

musli

muesli

kukuruzne pahuljice

copos de maíz

brašno

harina

roščić

medialuna

pecivo

pancito

kruh

pan

toast

tostada

keksi

galletitas

maslac

manteca

svježi sir

cuajada

kolač

torta

jaje

huevo

jaje na oko

huevo frito

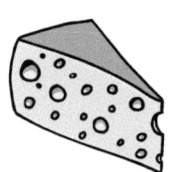

sir

queso

sladoled
helado

šećer
azúcar

med
miel

marmelada
mermelada

nugat krema
pasta de chocolate

curry
curry

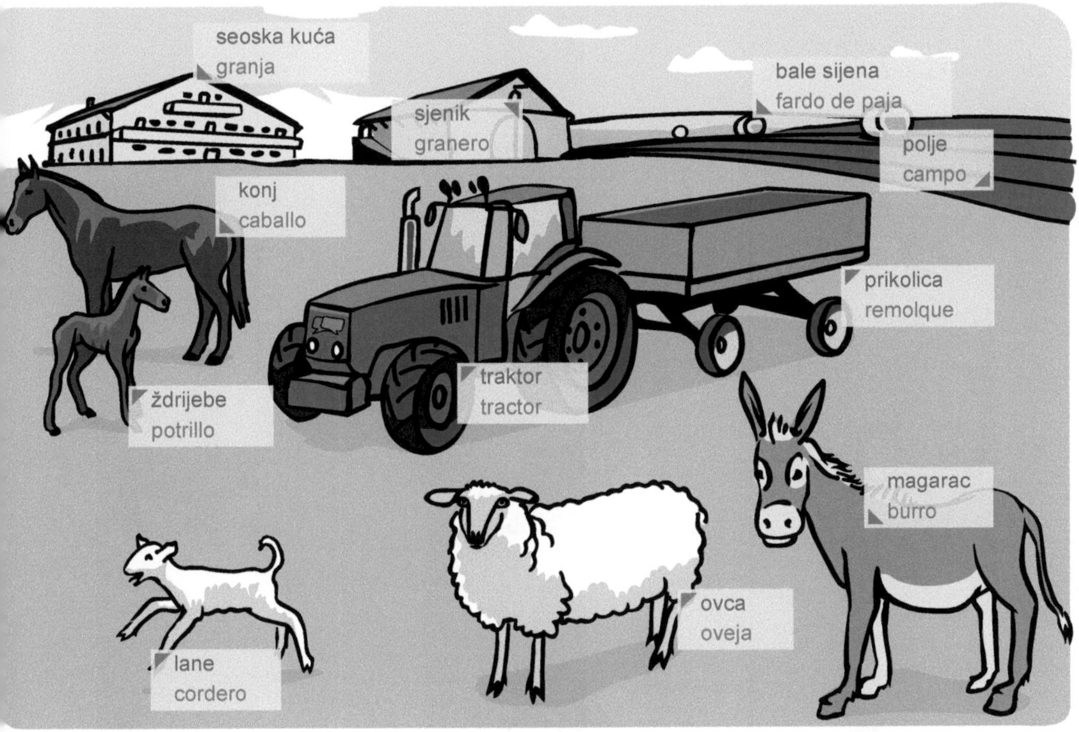

seoska kuća
granja

sjenik
granero

bale sijena
fardo de paja

polje
campo

konj
caballo

prikolica
remolque

ždrijebe
potrillo

traktor
tractor

magarac
burro

ovca
oveja

lane
cordero

koza

cabra

krava

vaca

tele

ternero

svinja

cerdo

prase

lechón

bik

toro

guska

ganso

patka

pato

pilići

pollo

kokoš

gallina

pijetao

gallo

pacov

rata

mačka

gato

miš

ratón

vol

buey

pas

perro

kućica za psa

cucha

vrtno crijevo

manguera

kanta za polijevanje

regadera

kosa

guadaña

plug

arado

srp

hoz

motika

azada

vilica za gnojivo

horquilla

sjekira

hacha

tačke

carretilla

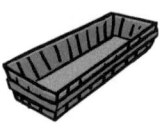

korito

abrevadero

posuda za mlijeko

lechera

vreća

bolsa

ograda

reja

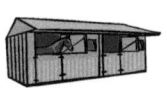

štala

establo

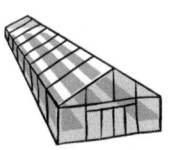

staklenik

invernadero

zemlja

suelo

sjeme

semilla

gnojivo

fertilizador

kombajn

cosechadora

seosko gazdinstvo - granja

29

žanjati

cosechar

žetva

cosecha

yams začin

batatas

pšenica

trigo

soja

soja

krumpir

papa

kukuruz

maíz

uljana repica

semilla de colza

voćka

árbol frutal

gomolj manioke

mandioca

žitarice

cereales

kuća
casa

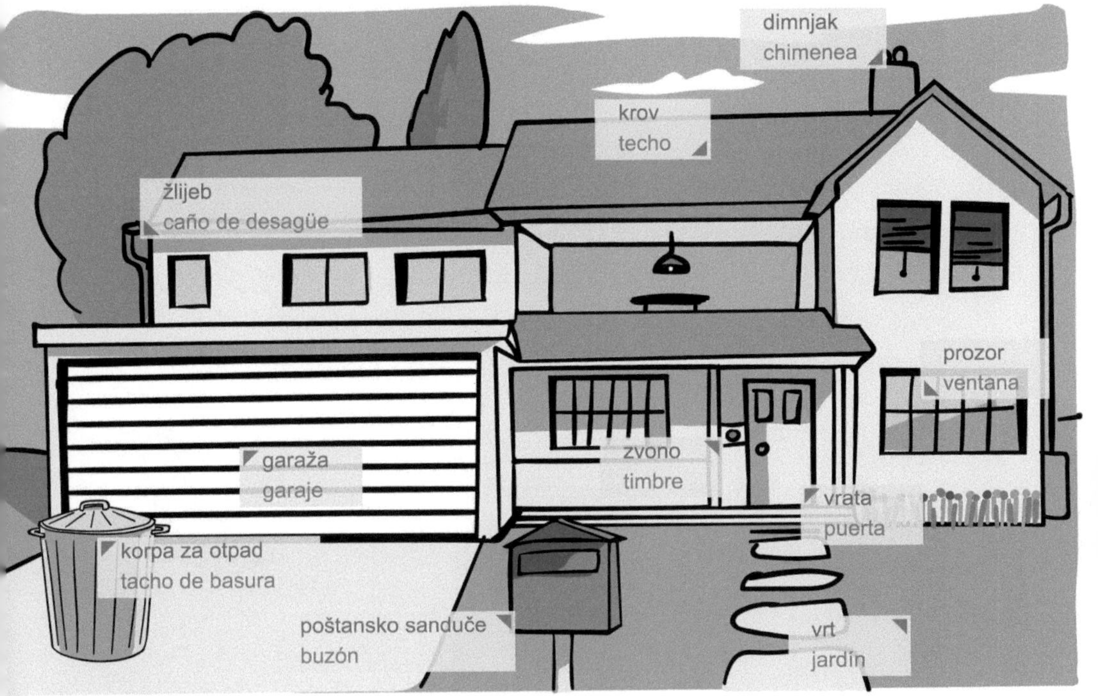
dimnjak
chimenea
krov
techo
žlijeb
caño de desagüe
prozor
ventana
garaža
garaje
zvono
timbre
vrata
puerta
korpa za otpad
tacho de basura
poštansko sanduče
buzón
vrt
jardín

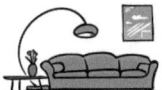

dnevna soba

living

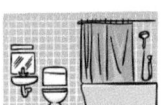

kupaonica

baño

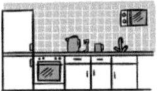

kuhinja

cocina

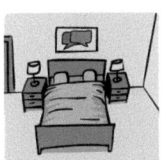

spavaća soba

dormitorio

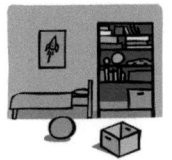

dječija soba

cuarto de los chicos

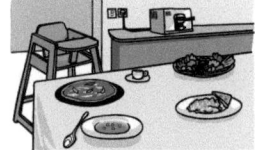

trpezarija

comedor

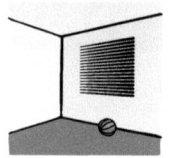

pod

piso

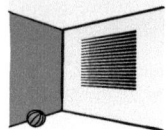

zid

pared

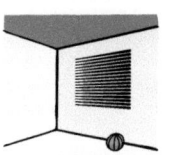

strop

cielorraso

podrum

sótano

sauna

sauna

balkon

balcón

terasa

terraza

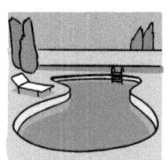

bazen

pileta

kosilica za travu

cortadora de pasto

posteljina za krevet

sábana

deka za krevet

acolchado

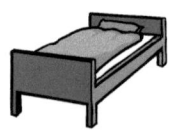

krevet

cama

metla

escoba

kanta

balde

sklopka

interruptor

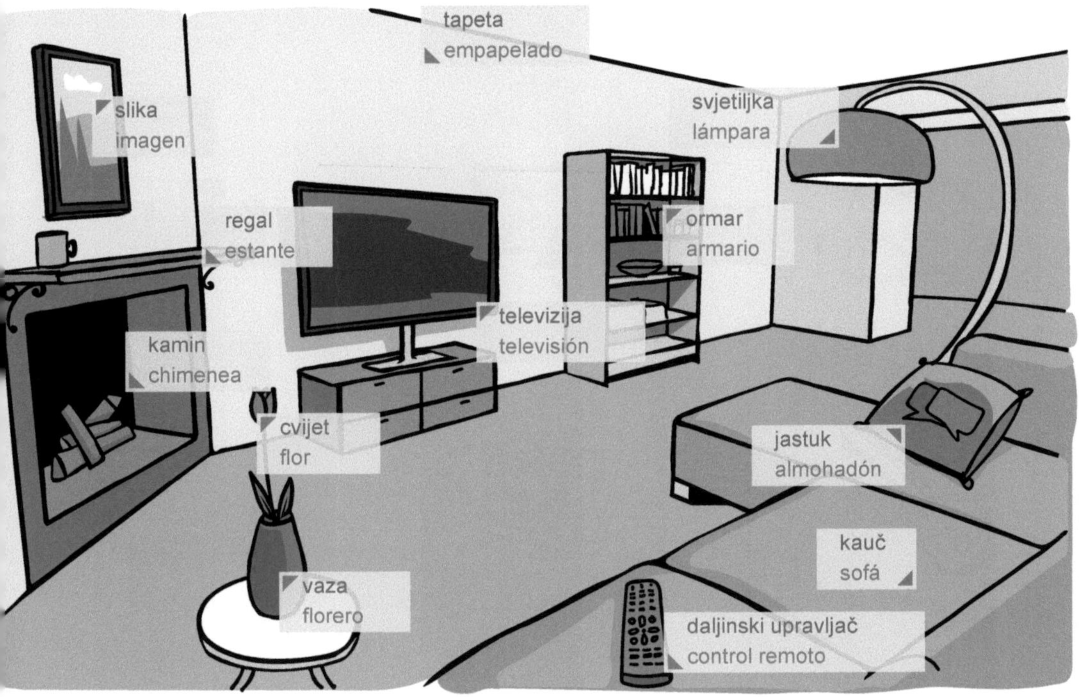

tapeta
empapelado

slika
imagen

svjetiljka
lámpara

regal
estante

ormar
armario

kamin
chimenea

televizija
televisión

cvijet
flor

jastuk
almohadón

kauč
sofá

vaza
florero

daljinski upravljač
control remoto

tepih
alfombra

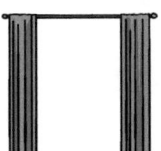

zavjesa
cortina

stol
mesa

stolica
silla

stolica za njihanje
mecedora

fotelja
sillón

knjiga

libro

deka

frazada

dekoracija

decoración

drvo za ogrjev

leña

film

película

stereo uređaj

equipo de música

ključ

llave

novine

diario

slika na platnu

pintura

poster

póster

radio

radio

blok za pisanje

cuaderno

usisavač

aspiradora

kaktus

cactus

svijeća

vela

kuhinja
cocina

hladnjak
heladera
mikrovalna pećnica
microondas
kuhinjska vaga
balanza de cocina
toaster
tostadora
sredstvo za čišćenje
detergente
pećnica
horno
pretinac za zamrzavanje
freezer
korpa za otpad
tacho de basura
perilica za suđe
lavaplatos

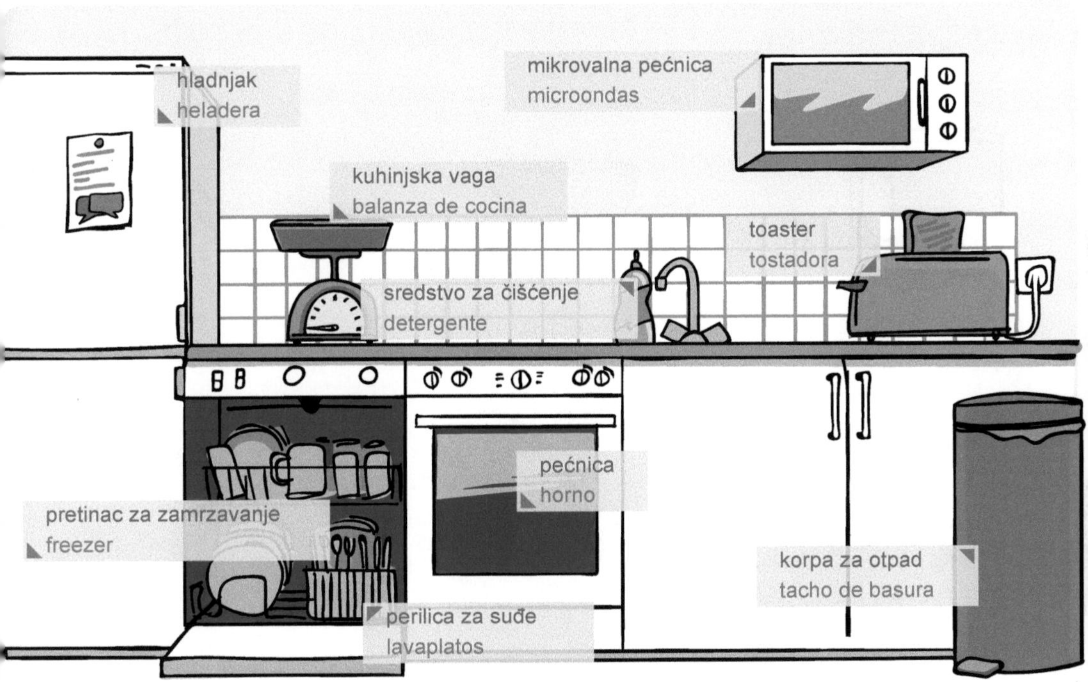

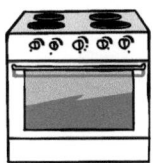

štednjak

cocina

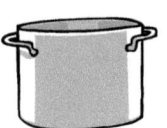

lonac

olla

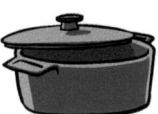

željezni lonac

olla de hierro fundido

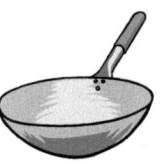

wok / kadai

wok

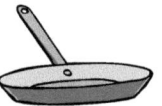

tava

sartén

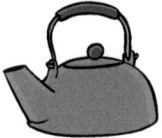

kuhalo za vodu

pava

kuhalo na paru

vaporera

lim za pečenje

bandeja de horno

posuđe

vajilla

čaša

taza

zdjela

bol

štapići za jelo

palitos

kutljača

cucharón

lopatica

estpátula

pjenjača

batidora

sito za kuhanje

colador

sito

colador

ribež

rallador

mužar

mortero

roštilj

parrilla

ognjište

fogata

daska
tabla de picar

oklagija
palo de amasar

vadičep
sacacorchos

konzerva
lata

otvarač konzervi
abrelatas

krpa za lonac
manopla

sudoper
pileta

četka
cepillo

spužva
esponja

mikser
batidora

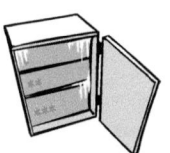

zamrzivač
congelador

bočica za bebe
mamadera

slavina za vodu
canilla

kuhinja - cocina

kupaonica
baño

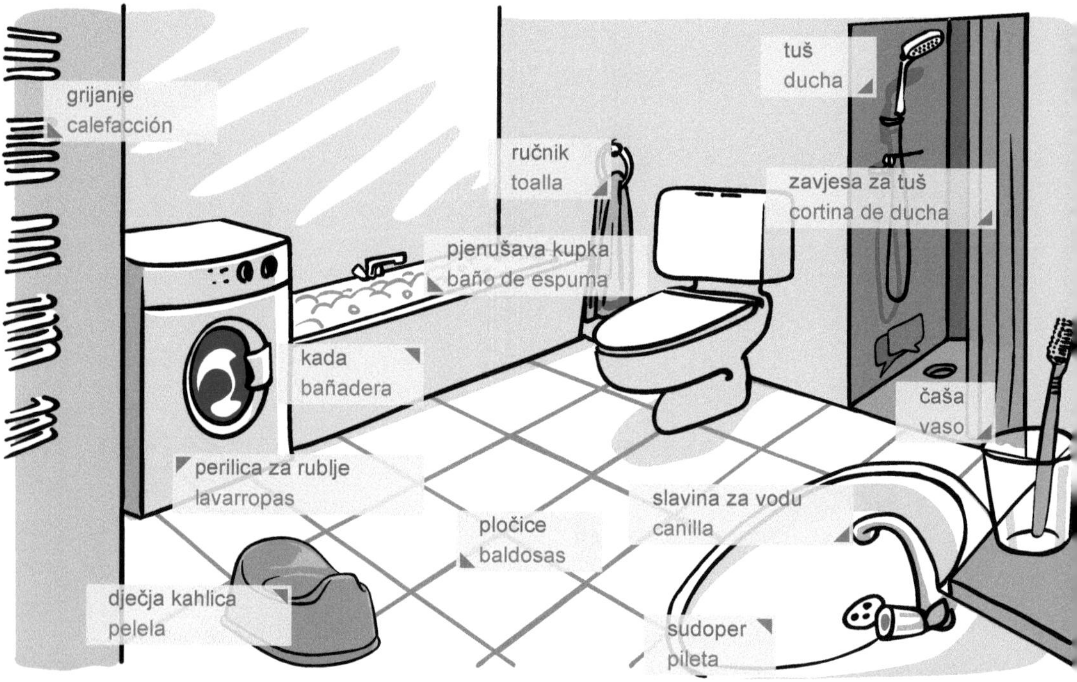

tuš
ducha
grijanje
calefacción
ručnik
toalla
zavjesa za tuš
cortina de ducha
pjenušava kupka
baño de espuma
kada
bañadera
čaša
vaso
perilica za rublje
lavarropas
slavina za vodu
canilla
pločice
baldosas
dječja kahlica
pelela
sudoper
pileta

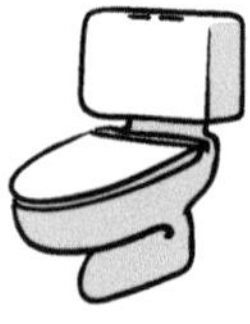

toalet

inodoro

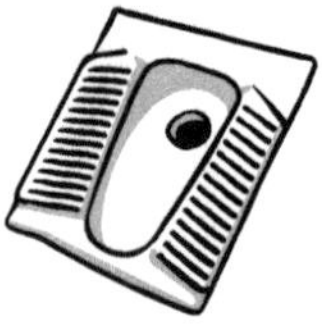

čučavac

letrina

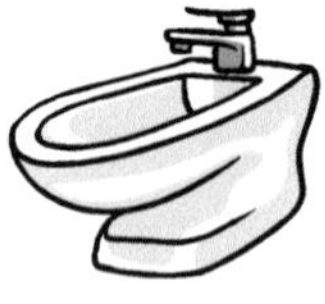

bidet

bidé

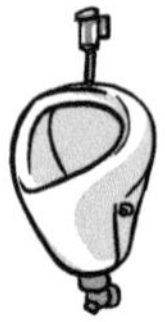

pisoar

mingitorio

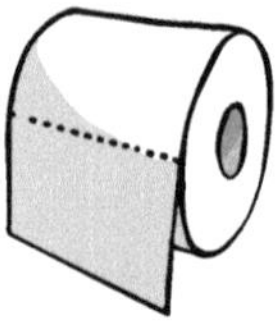

papir za toalet

papel higiénico

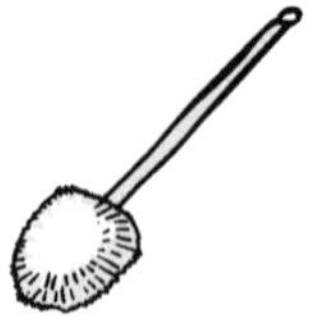

četka za toalet

cepillo para el inodoro

četkica za zube

cepillo de dientes

pasta za zube

dentífrico

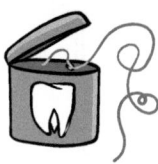

konac za zube

hilo dental

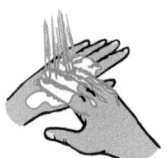

prati

lavar

tuš ručica

ducha de mano

tuš za pranje intimnih dijelova

ducha higiénica

lavor

palangana

četka za pranje leđa

cepillo para espalda

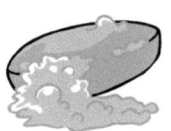

sapun

jabón

gel za tuširanje

gel de ducha

šampon

shampoo

krpa za pranje

toallita

odvod

desagüe

krema

crema

dezodorans

desodorante

ogledalo

espejo

kozmetičko ogledalo

espejito

brijač

maquinita de afeitar

pjena za brijanje

espuma de afeitar

losion za poslije brijanja

aftershave

češalj

peine

četka

cepillo

sušilo za kosu

secador de pelo

sprej za kosu

spray

makeup

maquillaje

ruž za usne

lápiz de labios

lak za nokte

esmalte para uñas

vata

algodón

škare za nokte

tijera para uñas

parfem

perfume

neseser

portacosméticos

stolica

banqueta

vaga

balanza

ogrtač

bata

rukavice za čišćenje

guantes de goma

tampon

tampón

uložak

toallita femenina

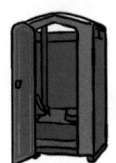

kemijski toalet

baño químico

dječija soba
cuarto de los chicos

budilnik
despertador
plišana igračka
peluche
auto igračka
coche de juguete
zvečka
sonajero
kućica za lutke
casa de muñecas
poklon
regalo

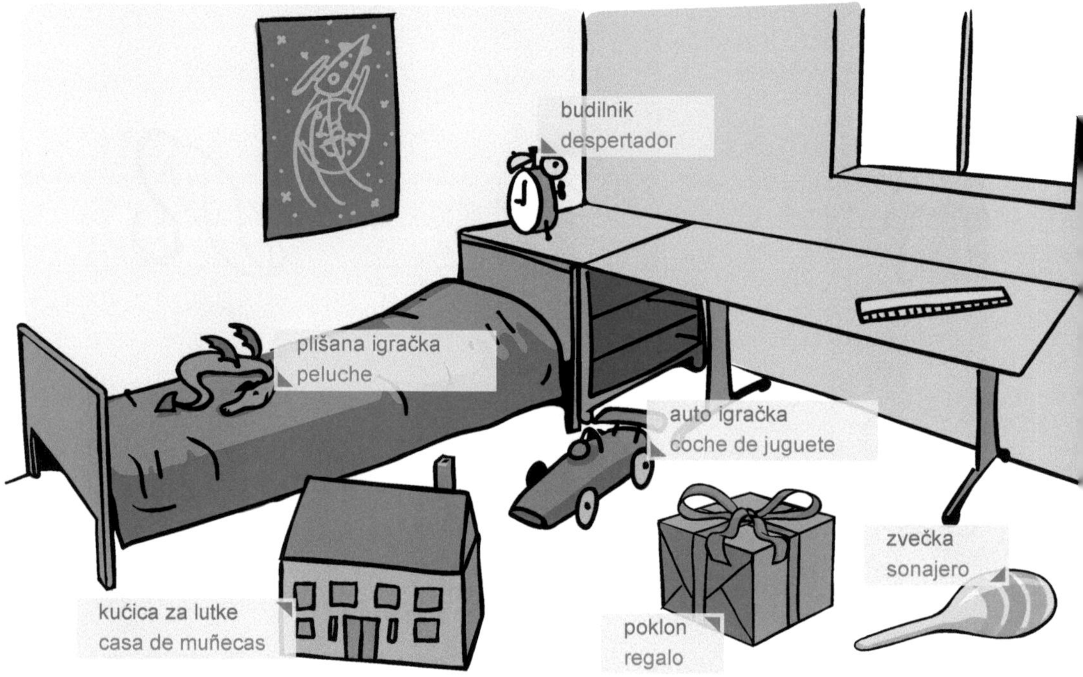

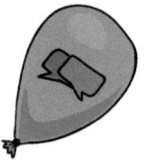

balon

globo

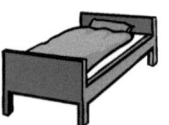

krevet

cama

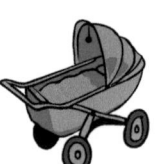

dječija kolica

cochecito

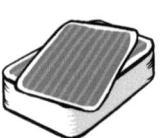

igra s kartama

cartas

slagalica

rompecabezas

SUPER MEGA

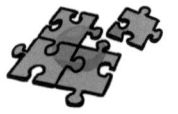

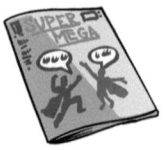

strip

historieta

lego kockice

piezas de lego

kockice za slaganje

ladrillos de juguete

akcioni junak

figura de acción

kombinezon za bebe

enterito (de bebé)

frizbi

frisbee

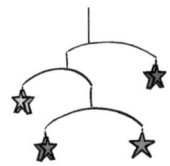

viseće igračke

móvil para bebés

društvene igre

juego de mesa

kocka

dados

minijaturna željeznica

tren eléctrico

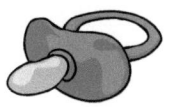

duda

chupete

tulum

fiesta

slikovnica

libro de cuentos ilustrado

lopta

pelota

lutka

muñeca

igrati

jugar

pješčanik

arenero

ljuljačka

hamaca

igračka

juguetes

konzola za igre

consola de videojuegos

tricikl

triciclo

plišani medo

osito de peluche

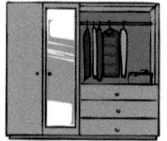

ormar

armario

odjeća

ropa

kratke čarape

medias

čarape

medias panty

hulahopke

calzas

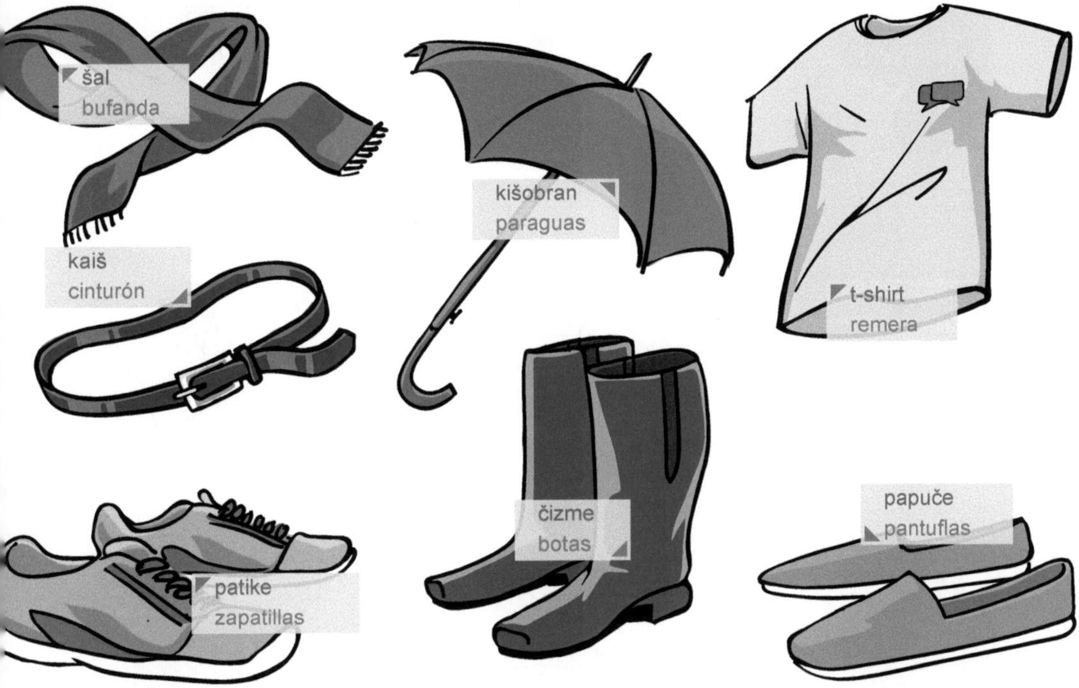

šal
bufanda

kišobran
paraguas

kaiš
cinturón

t-shirt
remera

čizme
botas

papuče
pantuflas

patike
zapatillas

sandale

cipele

gumene čizme

sandalias

zapatos

botas de goma

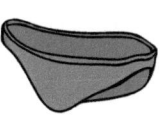

gaćice

grudnjak

potkošulja

ropa interior

corpiño

chaleco

odjeća - ropa

bodi
body

hlače
pantalones

džins
jeans

haljina
pollera

bluza
blusa

košulja
camisa

džemper
pulóver

pulover s kapuljačom
buzo

blejzer
blazer

jakna
campera

kaput
tapado

kabanica
piloto

kostim
traje

haljina
vestido

vjenčanica
vestido de novia

odijelo

traje

spavaćica

camisón

pidžama

pijama

sari

sari

rubac

pañuelo para cabeza

turban

turbante

burka

burka

kaftan

caftán

abaja

abaya

kupaći kostim

traje de baño

kupaće gaćice

short de baño

kratke hlače

shorts

odjeća za trening

jogging

pregača

delantal

rukavice

guantes

gumb

botón

naočale

anteojos

narukvica

pulsera

ogrlica

collar

prsten

anillo

naušnica

aro

kapa

gorra

vješalica

percha

šešir

sombrero

kravata

corbata

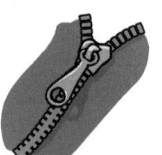

patent zatvarač

cierre

kaciga

casco

naramenice

tiradores

školska uniforma

uniforme escolar

uniforma

uniforme

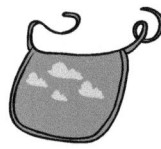

podbradak

babero

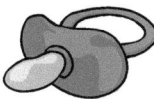

duda

chupete

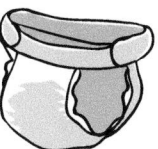

pelena

pañal

ured

oficina

server
servidor
ormar za spise
archivero
pisač
impresora
papir
papel
monitor
monitor
miš
mouse
pisaći stol
escritorio
mapa
carpeta
tipkovnica
teclado
košara za papir
tacho (de basura)
računar
computadora
stolica
silla

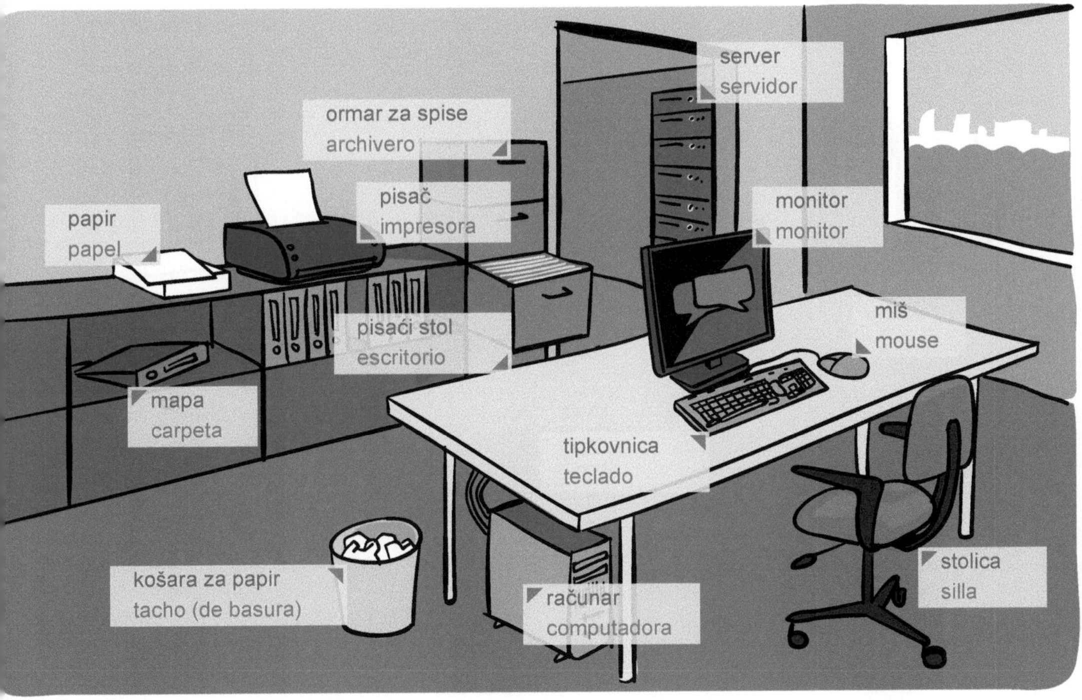

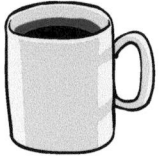

šalica za kavu

taza de café

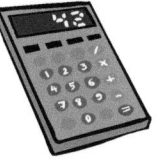

kalkulator

calculadora

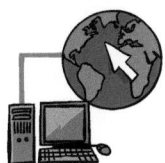

internet

internet

laptop
laptop

pismo
carta

poruka
mensaje

mobilni telefon
celular

mreža
red

uređaj za kopiranje
fotocopiadora

softver
software

telefon
teléfono

utičnica
tomacorriente

faks
fax

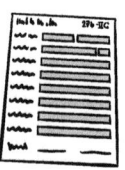

obrazac
formulario

dokument
documento

kupovati

comprar

platiti

pagar

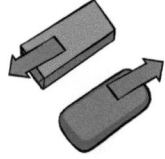

trgovati

hacer negocios

novac

dinero

dolar

dólar

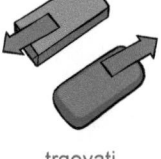

euro

euro

jen

yen

rubalj

rublo

švicarski franak

franco suizo

renmindbi yuan

yuan

rupija

rupia

automat za novac

cajero automático

mjenjačnica

casa de cambio

zlato

oro

srebro

plata

nafta

petróleo

energija

energía

cijena

precio

ugovor

contrato

porez

impuesto

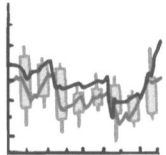

dionica

acción

raditi

trabajar

službenik

empleado

poslodavac

empleador

tvornica

fábrica

prodavaonica

negocio

policajac
policía

vatrogasac
bombero

kuhar
cocinero

liječnik
médico

pilot
piloto

vrtlar

jardinero

stolar

carpintero

krojačica

modista

sudija

juez

kemičar

farmacéutico

glumac

actor

vozač autobusa

colectivero

vozač taksija

taxista

ribar

pescador

čistačica

mucama

krovopokrivač

techista

konobar

mozo

lovac

cazador

slikar

pintor

pekar

panadero

električar

electricista

građevinski radnik

albañil

inženjer

ingeniero

mesar

carnicero

limar

plomero

poštar

cartero

vojnik

soldado

arhitekta

arquitecto

blagajnik

cajero

cvjećar

florista

frizer

peluquero

kondukter

cobrador

mehaničar

mecánico

kapetan

capitán

zubar

dentista

znanstvenik

científico

rabi

rabino

imam

imán

monah

monje

svećenik

sacerdote

alati

herramientas

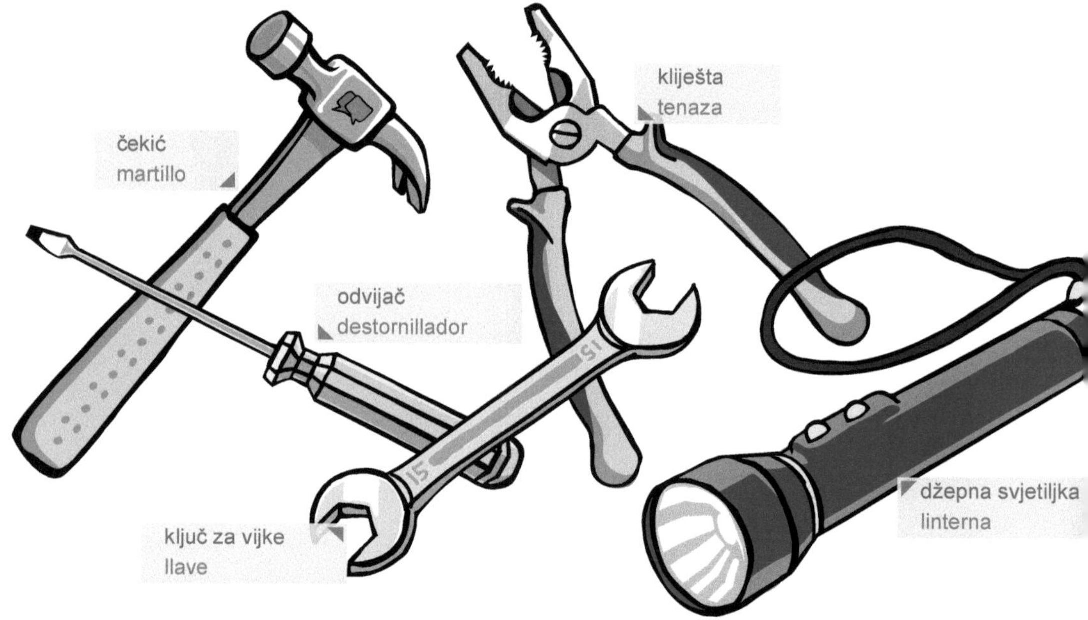

čekić
martillo
kliješta
tenaza
odvijač
destornillador
ključ za vijke
llave
džepna svjetiljka
linterna

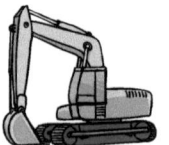

rovokopač

excavadora

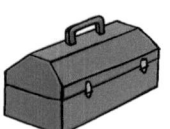

kutija za alat

caja de herramientas

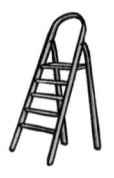

ljestve

escalera portátil

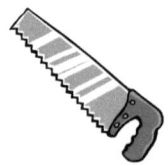

pila

sierra

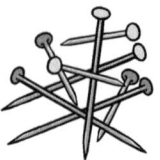

ekser

clavos

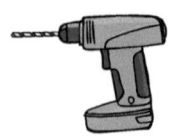

bušilica

taladro

popraviti

arreglar

lopata

pala de jardín

Sranje!

¡Qué bronca!

lopatica

pala de plástico

lonac za boju

tacho de pintura

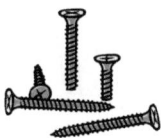

vijci

tornillos

glazbeni instrument
instrumentos musicales

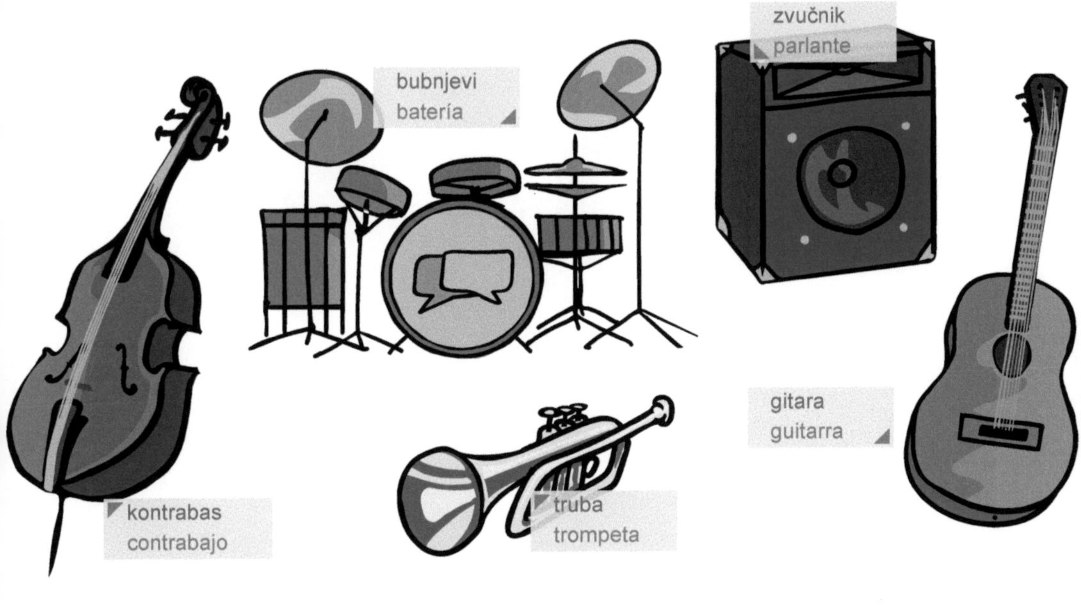

zvučnik
parlante

bubnjevi
batería

gitara
guitarra

kontrabas
contrabajo

truba
trompeta

klavir

piano

violina

violín

bas

bajo

timpani

timbales

udaraljke za bubnjeve

tambor

keyboard

teclado

saksofon

saxofón

flauta

flauta

mikrofon

micrófono

zoološki vrt
zoológico

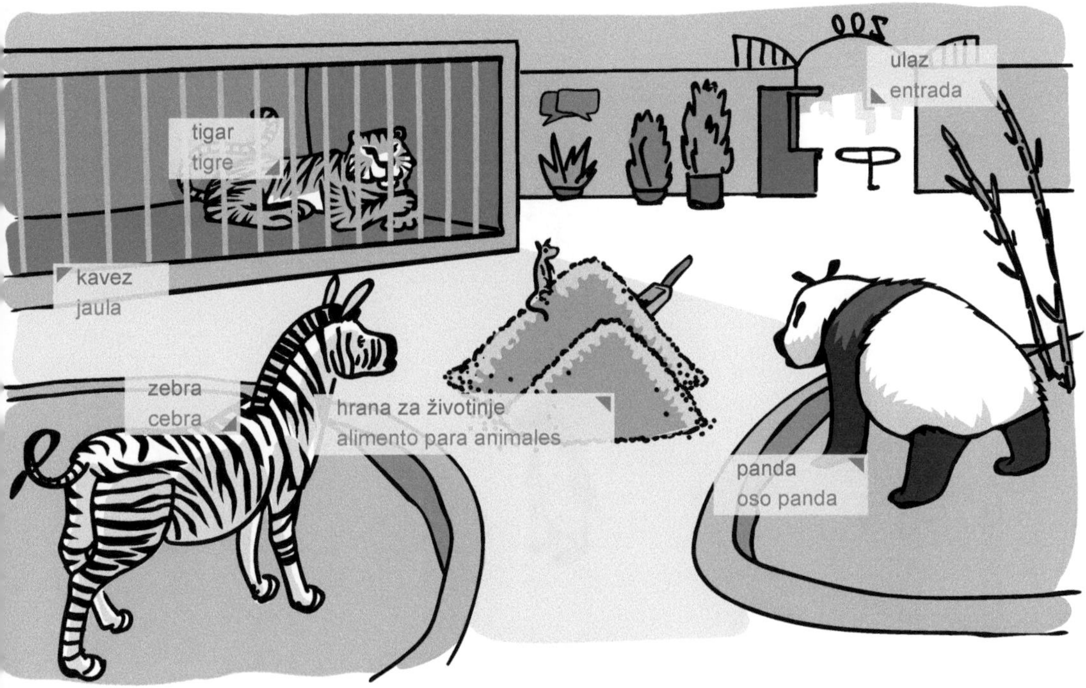
ulaz
entrada
tigar
tigre
kavez
jaula
zebra
cebra
hrana za životinje
alimento para animales
panda
oso panda

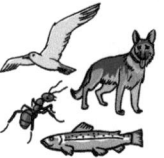

životinje

animales

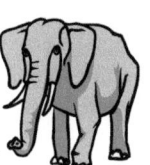

slon

elefante

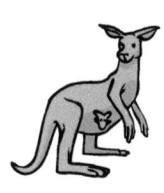

kengur

canguro

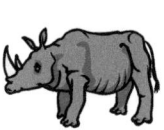

nosorog

rinoceronte

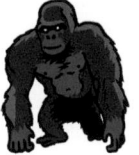

gorila

gorila

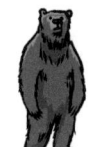

medvjed

oso

kamila

camello

noj

avestruz

lav

león

majmun

mono

flamingo

flamenco

papagaj

loro

polarni medvjed

oso polar

pingvin

pingüino

ajkula

tiburón

paun

pavo real

zmija

serpiente

krokodil

cocodrilo

čuvar u zoološkom vrtu

cuidador del zoológico

tuljan

foca

jaguar

jaguar

poni

poni

leopard

leopardo

nilski konj

hipopótamo

žirafa

jirafa

orao

águila

divlja svinja

jabalí

riba

pescado

kornjača

tortuga

morž

morsa

lisica

zorro

gazela

gacela

američki nogomet
fútbol americano

biciklizam
ciclismo

tenis
tenis

košarka
básquet

plivanje
natación

boks
boxeo

hockey na ledu
hockey sobre hielo

nogomet
fútbol

badminton
bádminton

atletika
atletismo

rukomet
handball

skijanje
esquí

polo
polo

smijati se
reír

skočiti
saltar

zagrliti
abrazar

ići
caminar

pjevati
cantar

sanjati
soñar

moliti se
rezar

poljubiti
besar

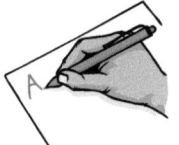

pisati
escribir

crtati
dibujar

pokazati
mostrar

gurati
presionar

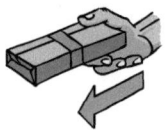

dati
dar

uzeti
tomar

imati

tener

činiti

hacer

biti

ser

stojati

estar parado

trčati

correr

povlačiti

tirar

baciti

tirar

padati

caer

ležati

estar acostado

čekati

esperar

nositi

llevar

sjediti

estar sentado

oblačiti

vestirse

spavati

dormir

probuditi se

despertar

gledati

mirar

plakati

llorar

milovati

acariciar

češljati

peinar

govoriti

hablar

razumjeti

entender

pitati

preguntar

slušati

escuchar

piti

beber

jesti

comer

pospremiti

ordenar

voljeti

amar

kuhati

cocinar

voziti

manejar

letjeti

volar

ploviti

navegar

računati

calcular

čitati

leer

učiti

aprender

raditi

trabajar

vjenčati se

casarse

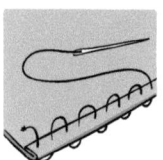

šiti

coser

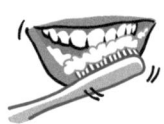

prati zube

cepillarse los dientes

ubiti

matar

pušiti

fumar

poslati

enviar

baka
abuela

djed
abuelo

otac
padre

majka
madre

beba
bebé

kćerka
hija

sin
hijo

gost

invitado

tetka

tía

ujak, stric

tío

brat

hermano

sestra

hermana

tijelo

cuerpo

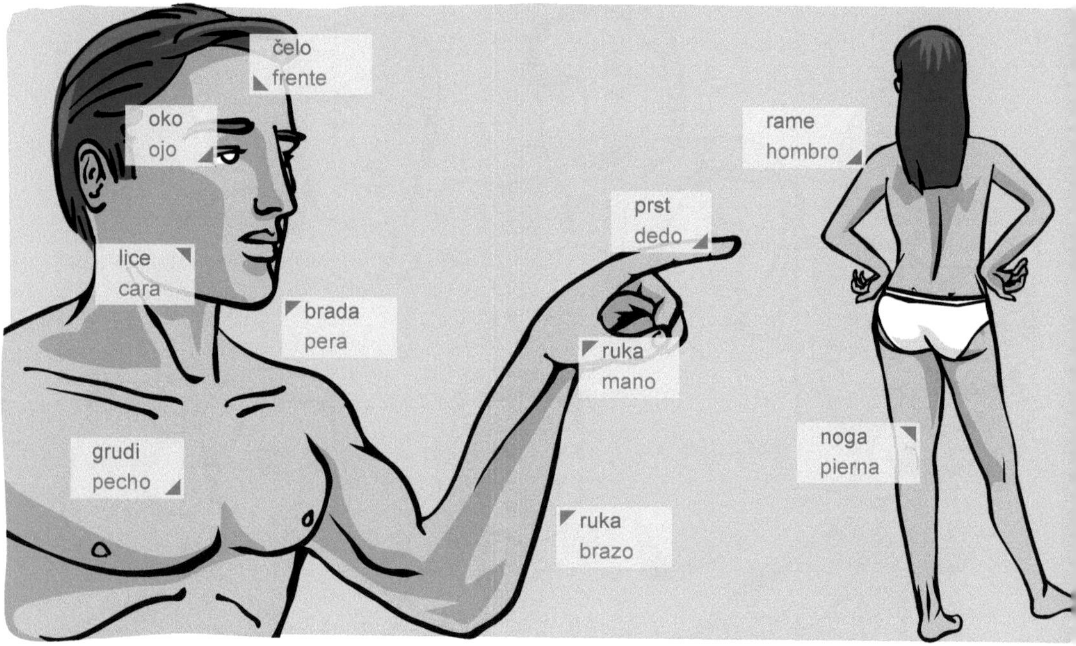

čelo
frente

oko
ojo

rame
hombro

prst
dedo

lice
cara

brada
pera

ruka
mano

grudi
pecho

noga
pierna

ruka
brazo

beba

bebé

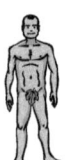

muškarac

hombre

žena

mujer

djevojčica

nena

dječak

nene

glava

cabeza

leđa

espalda

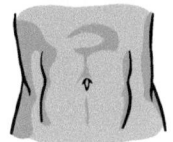

trbuh

panza

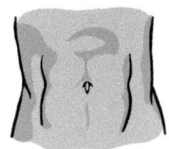

pupak

ombligo

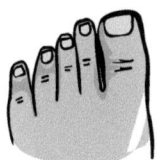

nožni prst

dedo del pie

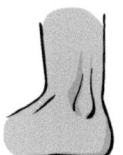

peta

talón

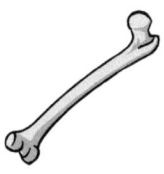

kost

hueso

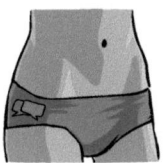

kuk

cadera

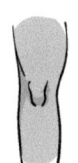

koljeno

rodilla

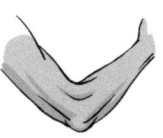

lakat

codo

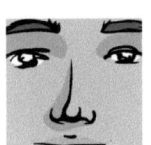

nos

nariz

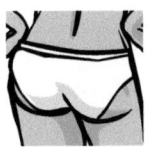

stražnjica

cola

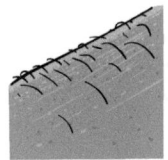

koža

piel

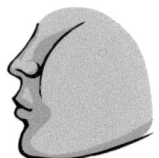

obraz

cachete

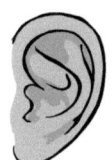

uho

oreja

usna

labio

usta

boca

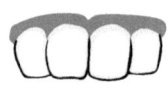

zub

diente

jezik

lengua

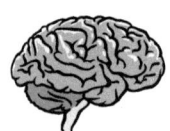

mozak

cerebro

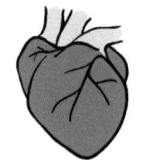

srce

corazón

mišić

músculo

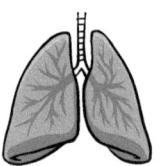

pluća

pulmón

jetra

hígado

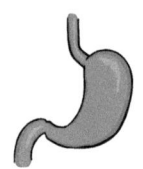

želudac

estómago

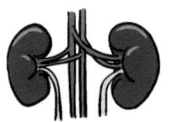

bubrezi

riñones

snošaj

sexo

kondom

preservativo

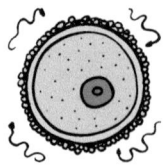

jajna stanica

óvulo

sperma

semen

trudnoća

embarazo

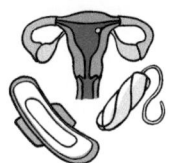

menstruacija
menstruación

vagina
vagina

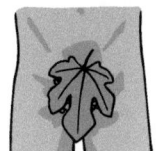

penis
pene

obrva
ceja

kosa
pelo

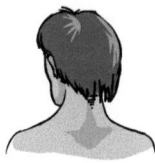

vrat
cuello

bolnica
hospital

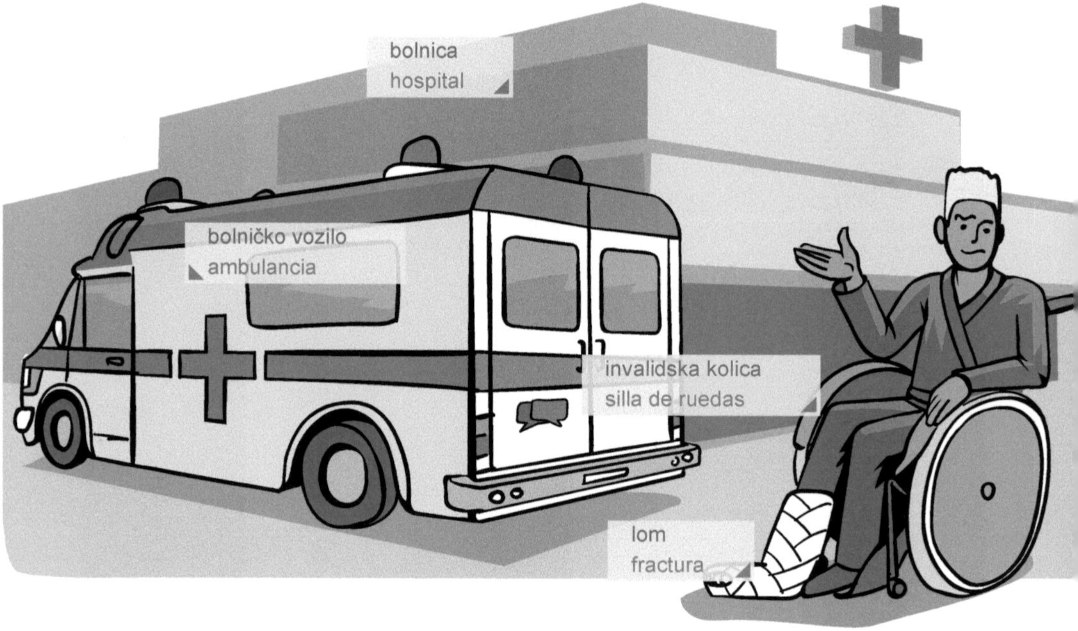

bolnica
hospital
bolničko vozilo
ambulancia
invalidska kolica
silla de ruedas
lom
fractura

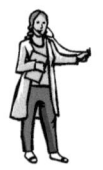

liječnik

médico

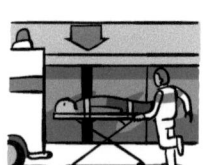

hitna medicinska služba

sala de guardia

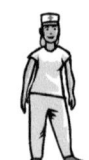

medicinska sestra

enfermera

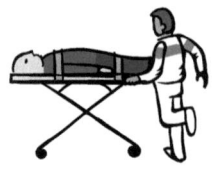

hitni slučaj

emergencia

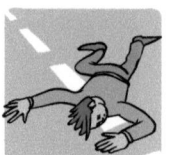

nesvijest

inconsciente

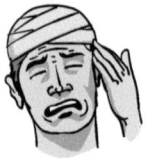

bol

dolor

ozljeda

lesión

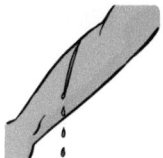

krvarenje

hemorragia

srćani infarkt

infarto

moždani udar

ACV

alergija

alergia

kašalj

tos

groznica

fiebre

gripa

gripe

proljev

diarrea

glavobolja

dolor de cabeza

rak

cáncer

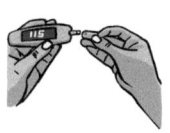

dijabetes

diabetes

kirurg

cirujano

skalpel

bisturí

operacija

operación

bolnica - hospital

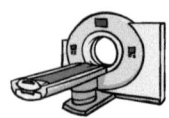

ct
TC

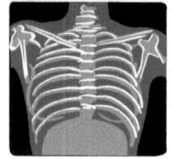

rentgen
rayos x

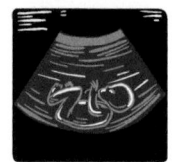

ultrazvuk
ecografía

maska
barbijo

bolest
enfermedad

čekaonica
sala de espera

štaka
muleta

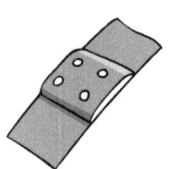

flaster
curita

zavoj
venda

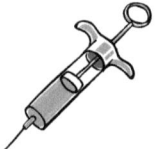

injekcija
inyección

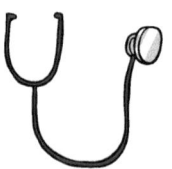

stetoskop
estetoscopio

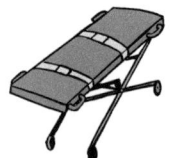

nosilo
camilla

termometar
termómetro

rođenje
nacimiento

prekomjerna težina
sobrepeso

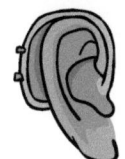

slušni aparat

audífono

sredstvo za dezinfekciju

desinfectante

infekcija

infección

virus

virus

hiv / sida

VIH / SIDA

medicina

remedio

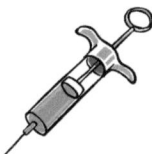

vakcinacija

vacunación

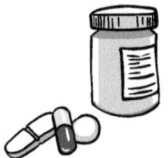

tablete

comprimidos

pilula

pastilla anticonceptiva

poziv u pomoć

llamada de emergencia

uređaj za mjerenje tlaka

tensiómetro

bolesno / zdravo

enfermo / sano

pomoć!
¡Ayuda!

alarm
alarma

nasrtaj
agresión

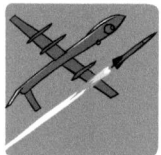

napad
ataque

opasnost
peligro

izlaz za nuždu
salida de emergencia

požar!
¡Fuego!

vatrogasni aparat
matafuego

nezgoda
accidente

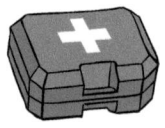

kofer prve pomoći
botiquín de primeros
auxilios

sos
SOS

policija
policía

Europa

Europa

sjeverna amerika

América del Norte

južna amerika

América del Sur

Afrika

África

Azija

Asia

Australija

Australia

Atlantik

Atlántico

Pacifik

Pacífico

ocean

Océano Índico

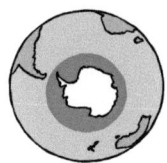

antarktički ocean

Océano Antártico

arktički ocean

Océano Ártico

sjeverni pol

polo norte

južni pol

polo sur

Antarktik

Antártida

zemlja

Tierra

zemlja

tierra

more

mar

otok

isla

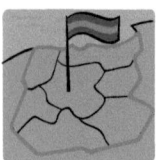

nacija

nación

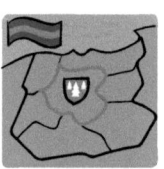

država

estado

brojčanik sata
....
esfera

satna kazaljka
....
manecilla de las horas

minutna kazaljka
....
minutero

sekundna kazaljka
....
segundero

Koliko je sati?
....
¿Qué hora es?

dan
....
día

vrijeme
....
hora

sada
....
ahora

digitalni sat
....
reloj digital

minuta
....
minuto

sat
....
hora

ponedjeljak / lunes — **MO**
srijeda / miércoles — **W**
petak / viernes — **FR**
utorak / martes — **TU**
subota / sábado — **TH** **SA**
četvrtak / jueves
nedjelja / domingo — **SO**

jučer
ayer

danas
hoy

sutra
mañana

jutro
mañana

podne
mediodía

večer
tarde

MO	TU	WE	TH	FR	SA	SU
1	2	3	4	5	6	7
8	9	10	11	12	13	14
15	16	17	18	19	20	21
22	23	24	25	26	27	28
29	30	31	1	2	3	4

radni dani
días hábiles

MO	TU	WE	TH	FR	SA	SU
1	2	3	4	5	6	7
8	9	10	11	12	13	14
15	16	17	18	19	20	21
22	23	24	25	26	27	28
29	30	31	1	2	3	4

vikend
fin de semana

godina
año

kiša
lluvia
duga
arco iris
vjetar
viento
snijeg
nieve
proljeće
primavera
jesen
otoño
ljeto
verano
zima
invierno

4.APRIL 11°
5.APRIL 4°
6.APRIL 13°
7.APRIL 8°
8.APRIL 10°

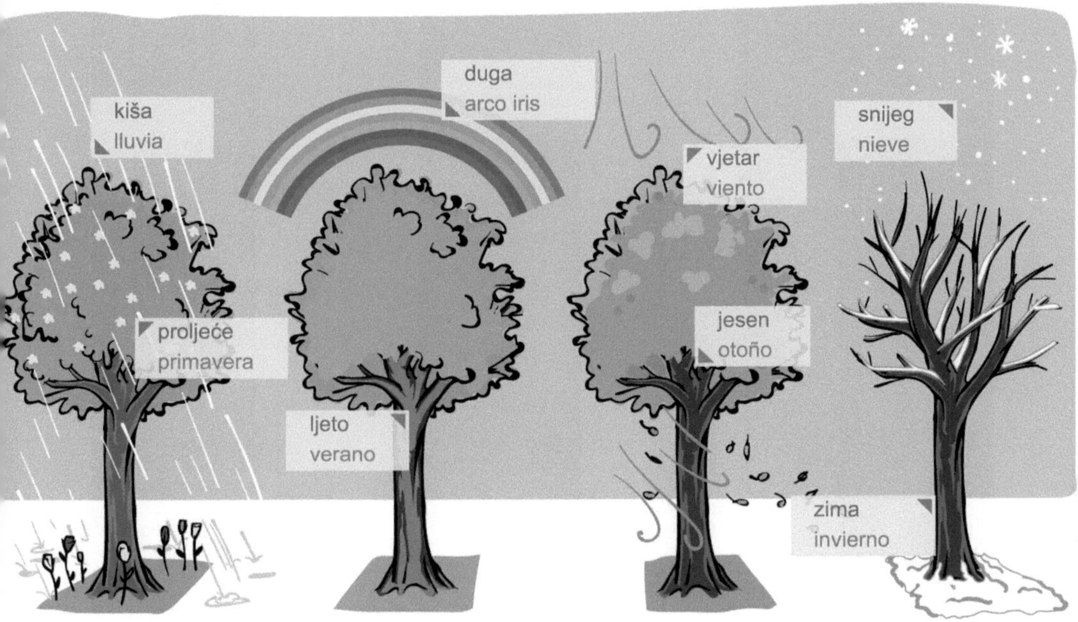

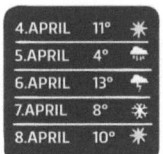

meteorološka prognoza

pronóstico meteorológico

F C
120 40
90 30
60 20
30 10
0 0
-30 -10
-20

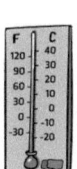

termometar

termómetro

sunčana svjetlost

luz del sol

oblak

nube

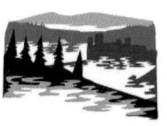

magla

niebla

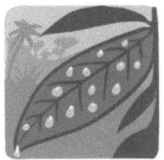

vlažnost zraka

humedad

munja

rayo

grmljavina

trueno

oluja

tormenta

tuča

granizo

monsun

monzón

poplava

inundación

led

hielo

siječanj

enero

veljača

febrero

ožujak

marzo

travanj

abril

svibanj

mayo

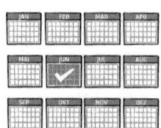

lipanj

junio

srpanj

julio

kolovoz

agosto

godina - año

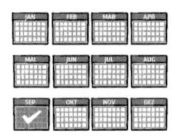

rujan

septiembre

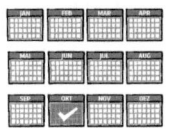

listopad

octubre

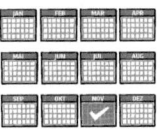

studeni

noviembre

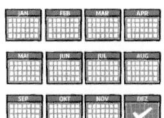

prosinac

diciembre

oblici
formas

krug

círculo

kvadrat

cuadrado

pravokutnik

rectángulo

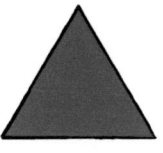

trokut

triángulo

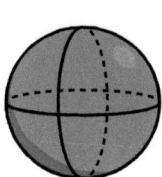

kugla

esfera

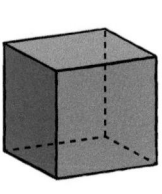

kocka

cubo

bijela

blanco

žuta

amarillo

narančasta

naranja

ružičasta

rosa

crvena

rojo

ljubičasta

violeta

plava

azul

zelena

verde

smeđa

marrón

siva

gris

crna

negro

mnogo / malo

mucho / poco

ljutito / mirno

enojado / tranquilo

lijepo / ružno

lindo / feo

početak / kraj

principio / fin

veliko / maleno

grande / chico

svijetlo / tamno

claro / oscuro

brat / sestra

hermano / hermana

čisto / prljavo

limpio / sucio

potpuno / nepotpuno

completo / incompleto

dan / noć

día / noche

mrtvo / živo

muerto / vivo

široko / usko

ancho / angosto

jestivo / nejestivo

comestible / no comestible

zlo / dobro

malo / amable

uzbuđeno / dosadno

entusiasmado / aburrido

debelo / mršavo

gordo / flaco

na početku / na kraju

primero / último

prijatelj / neprijatelj

amigo / enemigo

puno / prazno

lleno / vacío

tvrdo / mekano

duro / blando

teško / lagano

pesado / liviano

glad / žeđ

hambre / sed

bolesno / zdravo

enfermo / sano

ilegalno / legalno

ilegal / legal

pametno / glupo

inteligente / estúpido

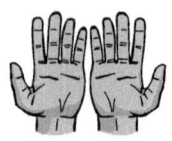

lijevo / desno

izquierda / derecha

blizu / daleko

cerca / lejos

novo / rabljeno

nuevo / usado

ništa / nešto

nada / algo

staro / mlado

viejo / joven

uključeno / isključeno

encendido / apagado

otvoreno / zatvoreno

abierto / cerrado

tiho / glasno

silencioso / ruidoso

bogato / siromašno

rico / pobre

točno / pogrešno

correcto / incorrecto

hrapavo / glatko

áspero / suave

tužno / sretno

triste / contento

kratko / dugo

corto / largo

polako / brzo

lento / rápido

mokro / suho

mojado / seco

toplo / hladno

caliente / frío

rat / mir

guerra / paz

suprotnosti - opuestos

0

nula

cero

1

jedan

uno

2

dva

dos

3

tri

tres

4

četiri

cuatro

5

pet

cinco

6

šest

seis

7

sedam

siete

8

osam

ocho

9

devet

nueve

10

deset

diez

11

jedanaest

once

12

dvanaest

doce

13

trinaest

trece

14

četrnaest

catorce

15

petnaest

quince

16

šestnaest

dieciséis

17

sedamnaest

diecisiete

18

osamnaest

dieciocho

19

devetnaest

diecinueve

20

dvadeset

veinte

100

stotinu

cien

1.000

tisuću

mil

1.000.000

milijun

millón

engleski

inglés

američko engleski

inglés americano

kinesko mandarinski

chino mandarín

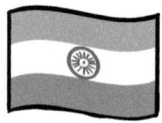

hindi

hindi

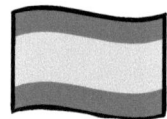

španjolski

español

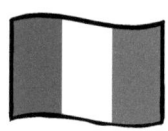

francuski

francés

arapski

árabe

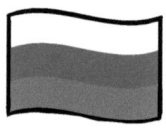

ruski

ruso

portugalski

portugués

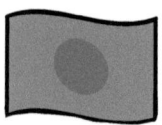

bengalski

bengalí

njemački

alemán

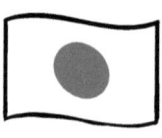

japanski

japonés

ja
yo

ti
vos

on / ona / ono
él / ella

mi
nosotros

vi
ustedes

oni
ellos

tko?
¿quién?

što?
¿qué?

kako?
¿cómo?

gdje?
¿dónde?

kada?
¿cuándo?

ime
nombre

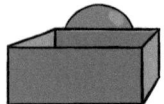

iza

detrás

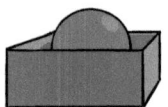

u

en

ispred

adelante de

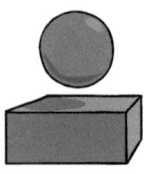

preko

por encima de

na

sobre

ispod

debajo de

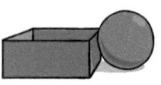

pored

al lado de

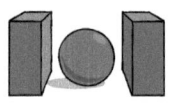

između

entre

mjesto

lugar